N° 98 (Supplément).

BULLETIN OFFICIEL

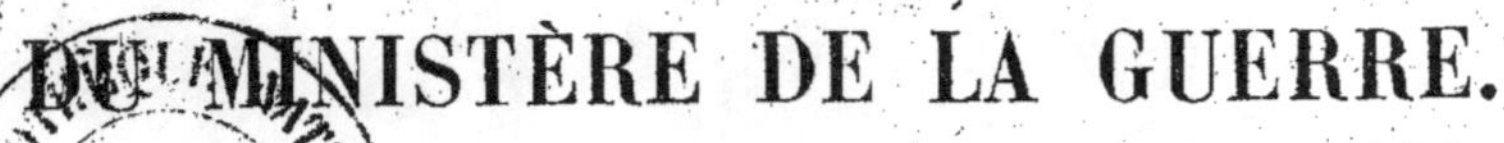

DU MINISTÈRE DE LA GUERRE.

ÉDITION MÉTHODIQUE.

TENUES

TENUES DES TROUPES EN CAMPAGNE ET EN AFRIQUE

Supplément arrêté à la date du 31 décembre 1912.

PARIS
HENRI CHARLES-LAVAUZELLE
Éditeur militaire
10, Rue Danton, Boulevard Saint-Germain, 118

(MÊME MAISON A LIMOGES)

BULLETIN OFFICIEL
DU MINISTÈRE DE LA GUERRE.

ÉDITION MÉTHODIQUE.

TENUES

TENUES DES TROUPES EN CAMPAGNE ET EN AFRIQUE

Pages 20, 21, 22.

Erratum *à la tenue des troupes en campagne et en Afrique, du 1er février 1912.*

Pages 20 et 21.

Supprimer la ligne relative aux petites jambières en cuir pour troupes à pied.

Page 22.

Au lieu de : « sous-pieds d'éperons (paire) », lire : « sous-pieds de jambières (paire) ».

Page 42.

Instruction relative à la tenue de campagne de la gendarmerie (troupe).

Paris, le 31 juillet 1911.

DÉSIGNATION des EFFETS OU OBJETS.		GENDARMERIE de l'intérieur et de Corse et garde républicaine.				GENDARMERIE d'Afrique.				OBSERVATIONS. — (H) Sur l'homme. (P) Dans le paquetage.
		Arme à pied.		Arme à cheval.		Arme à pied.		Arme à cheval.		
		H	P	H	P	H	P	H	P	
Plaque d'identité avec cordon		1	»	1	»	1	»	1	»	
Habillement.	Bourgeron en toile (1)	»	1	»	1	»	1	»	1	
	Capote-manteau	»	1	»	»	»	1	»	»	
	Ceinture de laine bleue	1 (2)	»	1 (2)	»	1	»	1	»	
	Culotte bleue (3)	»	»	1	»	»	»	1	»	
	Tunique	1	»	1	»	1	»	»	»	
	Pantalon bleu	1	»	»	»	1	»	»	1	
	Manteau	»	»	»	1	»	»	»	1	
Coiffure.	Képi (casque pour la garde)	1	»	1	»	1	»	1	»	
	Bonnet de police	»	1	1	»	»	1	»	1	
	Couvre-nuque	»	»	»	»	1	1	1	1	
Grand équipement.	Bretelle de carabine ou de fusil	1	»	»	»	1	»	»	»	
	Ceinturon	1	»	1	»	1	»	1	»	
	Porte-épée baïonnette	1	»	»	»	1	»	»	»	
	Bélière	»	»	1	»	»	»	1	»	
	Dragonne	»	»	»	1	»	»	»	1	
	Etui de revolver avec banderole et lanière	»	»	1	»	»	»	1	»	
	Courroie de ceinture de revolver	1 (4)	»	1	»	1 (4)	»	1	»	
	Cartouchière (5)	1	»	»	»	1	»	»	»	
	Havresac (6)	1	»	»	»	1	»	»	»	
	Courroie d'allongement de la grande courroie de havresac	»	1	»	»	»	1	»	»	
	Portefeuille de correspondance	1	»	1	»	1	»	1	»	
	Bâton ferré (7)	»	1	»	»	»	»	»	»	

(1) Galonné pour les gradés.
(2) Gendarmerie de Corse, celle de l'intérieur n'en étant pas pourvue.
(3) La culotte bleue de rechange est placée dans le fourgon de la force publique.
(4) La courroie de ceinture de revolver dans l'arme à pied sert à supporter la giberne-cartouchière, qui est placée en avant et à droite.
(5) La cartouchière contient deux paquets de cartouches et le nécessaire d'armes.
(6) Les hommes qui accompagnent les convois placent leurs havresacs dans les voitures affectées aux forces publiques.
(7) Troupes alpines seulement.

DÉSIGNATION des EFFETS OU OBJETS.	GENDARMERIE de l'intérieur et de Corse et garde républicaine.				GENDARMERIE d'Afrique.				OBSERVATIONS. — (H) Sur l'homme. (P) Dans le paquetage.
	Arme à pied.		Arme à cheval.		Arme à pied.		Arme à cheval.		
	H	P	H	P	H	P	H	P	
Jambières (paire)....	»	»	1	»	»	»	1	»	
Brodequins et lacets (paire)	1	»	1	»	1	»	1	»	
Petit équipement. Eperons à la chevalière	»	»	1	»	»	»	1	»	
Brides d'éperons et sous-pieds (paire)..	»	»	1	1	»	»	1	1	
Bretelles (paire).....	1	»	1	»	1	»	1	»	
Caleçon............	1	1	1	1	1	1	1	1	
Ceinture de flanelle (8)	1	»	1	»	»	»	»	»	
Chaussettes (paire)..	1	1	1	1	1	1	1	1	
Chaussures de repos.	»	1	»	1	»	1	»	1	
Chemise de flanelle de coton..........	1	1	1	1	1	1	1	1	
Courroie de sautoir.	»	1	»	»	»	1	»	»	
Cravate..............	1	1	1	1	1	1	1	1	
Effets de pansage :									
Brosse à cheval..	»	»	»	1	»	»	»	1	
Ciseaux à crin (9)	»	»	»	1	»	»	»	1	
Corde à fourrage.	»	»	»	1	»	»	»	1	
Eponge..........	»	»	»	1	»	»	»	1	
Etrille..........	»	»	»	1	»	»	»	1	
Effets de petite monture :									
Boîte à graisse...	»	1	»	1	»	1	»	1	
Brosse d'armes...	»	1	»	1	»	1	»	1	
Brosse à habits..	»	1	»	1	»	1	»	1	
Brosse à chaussures.........	»	1	»	1	»	1	»	1	
Cuiller..........	»	1	1	»	»	1	»	1	
Trousse garnie...	»	1	»	1	»	1	»	1	
Sac de petite monture............	»	1	»	»	»	1	»	»	
Gamelle individuelle (10)............	»	1	»	1	»	1	»	1	
Livret individuel....	»	1	1	»	»	1	1	»	
Morceau de savon...	»	1	1	»	»	1	»	1	
Mouchoir..........	1	1	1	1	1	1	1	1	
Objets de sûreté	1	»	1	»	1	»	1	1	
Pantalon de treillis .	»	1	»	1	»	1	»	1	
Sac à avoine........	»	»	»	1	»	»	»	1	
Sachet à cartouches.	»	1	»	1	»	1	»	1	
Serviette...........	»	1	1	»	»	1	»	1	
Etui de gamelle individuelle.	»	»	»	1	»	»	»	»	

(8) Gendarmerie de l'intérieur seulement, celle d'Afrique et de Corse étant pourvue de la ceinture de laine bleue.

(9) Sous-officiers seulement.

(10) Toutefois, les gendarmes isolés reçoivent un nécessaire individuel de campement en remplacement de la gamelle individuelle et des ustensiles collectifs.

	DÉSIGNATION des EFFETS OU OBJETS.	GENDARMERIE de l'intérieur et de Corse et garde républicaine.				GENDARMERIE d'Afrique.				OBSERVATIONS.
		Arme à pied.		Arme à cheval.		Arme à pied.		Arme à cheval.		
		H.	P.	H.	P.	H.	P.	H.	P.	(H) Sur l'homme. — (P) Dans le paquetage.
Campement.	Etui de marmites (11).	»	»	»	»	»	»	»	»	
	Hachette (12)	»	1	»	1	»	1	»	1	
	Marmite de campement (13)	»	»	»	»	»	»	»	»	
	Gamelle à 4 hommes (14)	»	»	»	»	»	»	»	»	
	Moulin à café (15)	»	»	»	»	»	»	»	»	
	Petit bidon individuel avec quart adhérent, courroie et enveloppe	1	»	1	»	1	»	1	»	
	Sac à distribution (16)	»	1	»	»	»	1	»	»	
	Sachets à vivres et pour pains de guerre	»	2	»	3	»	2	»	3	
	Seau en toile (17)	»	1	»	1	»	1	»	1	
	Entrave de cavalerie.	»	»	»	»	»	»	»	1	
	Filet à fourrage	»	»	»	»	»	»	»	1	
	Corde d'attache	»	»	»	»	»	»	»	1	
	Piquet de cavalerie	»	»	»	»	»	»	»	1	
	Sac tente-abri	»	»	»	»	»	1	»	1	
	Couverture de campement	»	»	»	»	»	1	»	1	
	Support de tente brisé	»	»	»	»	»	1	»	1	
	Cordeau de tirage	»	»	»	»	»	1	»	1	
	Petits piquets	»	»	»	»	»	3	»	3	
	Cordeaux de piquets.	»	»	»	»	»	2	»	2	
Armement. (c)	Carabine	1	»	»	»	1	»	»	»	
	Epée-baïonnette	1	»	»	»	1	»	»	»	
	Nécessaire d'armes	1	»	»	»	1	»	»	»	
	Ficelle de nettoyage.	»	1	»	»	»	1	»	»	
	Revolver	»	»	1	»	»	»	1	»	
	Tournevis mixte modèle 1898 (18)	»	»	»	1	»	»	»	1	
	Sabre	»	»	»	1	»	»	»	1	
Munitions.	Paquets de cartouches de carabine	2	3	»	»	2	3	»	»	
	Paquets de cartouches de revolver	»	»	3	2	»	»	3	2	

(11) Un par ustensile.
(12) Deux pour 15 hommes, portées par les brigadiers.
(13) Une pour 4 hommes } placés en principe sur les voitures de la prévôté.
(14) Une par deux marmites } placés en principe sur les voitures de la prévôté.
(15) Un pour 15 hommes } placés en principe sur les voitures de la prévôté.
(16) Un pour 4 hommes à pied.
(17) Un pour 2 hommes montés et un pour 4 hommes à pied.
(c) La cavalerie de la garde républicaine prend l'armement indiqué par le commandement.
(18) Gradés seulement.

DÉSIGNATION des EFFETS OU OBJETS.	GENDARMERIE de l'intérieur et de Corse et garde républicaine.				GENDARMERIE d'Afrique.				OBSERVATIONS. — (H) Sur l'homme. (P) Dans le paquetage.
	Arme à pied.		Arme à cheval.		Arme à pied.		Arme à cheval.		
	H	P	H	P	H	P	H	P	
Vivres et fourrages.									
Rations de pain de guerre	»	1	»	1	»	1	»	1	
Rations de sucre (19)	»	2	»	2	»	2	»	2	
Rations de café (20)	»	2	»	2	»	2	»	2	
Rations de conserve de viande (21)	»	2	»	2	»	2	»	2	
Rations de potage salé (22)	»	2	»	2	»	2	»	2	
Repas froid	1	»	1	»	»	1	»	1	
Repas d'avoine ou d'orge (23)	»	»	»	1	»	»	»	1	
Harnachement.									
Selle et bride complètes	»	»	»	1	»	»	»	1	
Couverture	»	»	»	1	»	»	»	1	
Poche à fers	»	»	»	1	»	»	»	1	
Ferrure : 2 fers, 16 clous, 16 crampons à glace (24)	»	»	»	1	»	»	»	1	
Musette-mangeoire	»	»	»	1	»	»	»	1	
Surfaix de couverture	»	»	»	1	»	»	»	1	
Bissac en toile	»	»	»	»	»	»	»	1	
Paquet individuel de pansement (25)	1	»	1	»	1	»	1	»	
Carnet-calepin	1	»	1	»	1	»	1	»	
Carnet de déclarations	1	»	1	»	1	»	1	»	
Lanterne de poche (26)	1	»	»	»	1	»	»	»	

(19) Trois rations
(20) Trois rations
(21) Une seule ration
(22) Une seule ration
} pour les prévôtaux attachés aux divisions de cavalerie.

(23) Les deux kilogrammes d'avoine ou orge (vivres du sac) habituellement ensachés dans la musette-mangeoire seront, lors d'un transport stratégique, laissés en vrac dans le fond du sac à avoine de l'homme. (Note ministérielle du 15 octobre 1895.)

(24) Les deux autres fers (avec leurs clous, dans un sachet) sont placés dans des caisses à ferrures qui sont transportées par les voitures des prévôtés. Les caisses contiennent en plus les clefs à visser et les tarauds (une clef et un taraud par gradé). La gendarmerie d'Afrique n'emporte pas de crampons à glace.

(25) Toujours placé dans la poche intérieure de la tunique.

(26) Dans un étui en drap et portée par les gradés seulement dans le portefeuille de correspondance.

TENUE DES BICYCLISTES PRÉVOTAUX

1° *Sur l'homme.*

Pantalon de drap.
Tunique.
Képi.
Cravate.
Plaque d'identité.
Brodequins.
Petites jambières.
Petit bidon individuel avec quart adhérent et enveloppe.
Carabine avec bretelle.
2 paquets de cartouches et le nécessaire d'armes placés dans la cartouchière fixée à la courroie de ceinture de revolver.
Un paquet individuel de pansement.
Bretelles.
Caleçons.
Chemise de flanelle de coton.
Ceinture de flanelle.
Paire de chaussettes.
Mouchoir.

2° *Sur la bicyclette complète avec ses accessoires.*

a) Le portefeuille de correspondance, fixé au guidon de la machine et en avant de l'axe contient :

Objets de sûreté.
Cuiller.
Savon.
Un repas froid.
Carnet-calepin.
Carnet de déclaration.
Chemise roulée dans une serviette.

b) La pèlerine roulée est fixée au-dessus du guidon par trois courroies.

3° *Paquetage.*

Le paquetage est semblable à celui des prévôtaux à pied. Le ceinturon et le porte-épée-baïonnette sont placés dans le havresac; la baïonnette est fixée après le manteau.

Page 10.

Notification de modifications apportées à l'instruction sur les tenues.

Paris, le 31 mars 1912.

Page 10.

Remplacer la remarque « (B) », par la suivante :

« (B) Par exception, portent 120 cartouches :
« 1° Les caporaux et chasseurs des *bataillons actifs* de chasseurs à pied, y compris ceux des bataillons alpins;
« 2° Les caporaux et soldats des *corps actifs* d'infanterie des 6ᵉ, 7ᵉ et 20ᵉ corps d'armée.
« Les caporaux et chasseurs des bataillons de chasseurs territoriaux sont dotés de 112 cartouches. »

Fascicule trimestriel n° 1 modificatif de la tenue des troupes en campagne et en Afrique.

(Direction de l'Intendance militaire; Bureau de l'Habillement, du Campement et du Couchage.

Paris, le 10 septembre 1912.

Page 5. — Zouaves et tirailleurs, colonne H.

Sur le prolongement de la ligne cravate (A vélocipédistes), au lieu de : « 1 », mettre : « (guillemets). »

Après gamelle de campement (15), pour les troupes, etc..., intercaler :

Hachette (18 *bis*).......	»	»	»	»	»	»	»	1	»	1

Page 8.

Avant le renvoi (1) intercaler ce qui suit :

« Les adjudants-chefs et les adjudants ont la même tenue que les officiers de leur arme (vol. 97, art. 8, p. 8); toutefois, la jumelle et la boussole sont facultatives.

« Les médecins auxiliaires qui s'habillent à leurs frais portent la tenue des adjudants des sections d'infirmiers avec attributs spéciaux.

« Les adjudants-chefs et les adjudants appartenant à la réserve ou à l'armée territoriale qui ne sont pas possesseurs de leur tenue reçoivent l'uniforme de sous-officier de la troupe à laquelle ils appartiennent, muni des galons du grade et des attributs réglementaires. A défaut d'effets en drap de sous-officier, il leur est délivré des effets en drap de soldat. Les lots de réserve des différentes unités doivent comprendre les effets nécessaires. »

Remplacer le texte actuel du renvoi (1) par le suivant :

(1) Les régiments étrangers, les bataillons d'infanterie légère d'Afrique, les troupes alpines et les cyclistes (unités cyclistes et vélocipédistes des états-majors, corps de troupe et services) emportent la ceinture de laine. Le jersey et la bande molletière sont pris par les troupes alpines et les cyclistes.

Au texte actuel du renvoi (5) substituer le texte suivant :

(5) A l'exception des militaires armés du revolver ou du sabre série Z (renvoi 16).

Ne sont pas pourvus de bretelles de suspension et ne reçoivent que deux cartouchières, les militaires des corps de troupe dotés de moins de 88 cartouches (renvoi 16) et les corps territoriaux, à l'exception de ceux déjà munis du nouvel équipement par décision spéciale.

Renvoi 9, 7e ligne, au lieu de : « Le sergent-major artificier n'est pas pourvu de havresac », lire : « Le sergent-major artificier est pourvu d'un havresac d'infanterie en remplacement du sac d'homme monté. »

Renvoi 9, 8e ligne, au lieu de : « Les havresacs des conducteurs de chevaux haut-le-pied sont transportés, etc... », lire : « Les havresacs du sergent-major artificier et les conducteurs de chevaux haut-le-pied sont transportés, etc... »

Renvoi 10). Après : « Sauf pour les hommes de l'effectif de paix », intercaler : « Qui emportent provisoirement le bonnet de police dont le port est autorisé en temps de paix à titre d'essai. » (Le reste sans changement.)

Renvoi 11, page 9.

Compléter la dernière phrase du renvoi (11) par les mots : « A l'exception, toutefois, des adjudants et sergents-majors des sections de commis et ouvriers d'administration. »

Page 10.

Au lieu de :

Adjudant, sous-chef de musique, etc................	
....	
....	

Lire :

Adjudant, sauf ceux des sections de C. O. A., sous-chef de musique, etc.....	
....	
....	

Avant : « Chef armurier », intercaler :

Adjudant de section de C. O. A..................	Revolver et épée de sous-officier.	»	13 (E

Page 11.

Au lieu de :

Vélocipédistes (autres que ceux de chasseurs alpins).	
Vélocipédistes de chasseurs alpins	

Lire :

Vélocipédistes (autres que ceux de chasseurs alpins et des sections de C. O. A.)	
Vélocipédistes de chasseurs alpins et des sections de C. O. A.................	

Page 11, après le renvoi (18), intercaler : « (18 *bis*) 1 hachette pour 8 hommes. »

Page 12. — Vélocipédistes, 2e alinéa, dernière phrase.

Au lieu de : « Ils reçoivent seulement une paire de bandes molletières, etc. ».

Lire : « Ils reçoivent seulement un brassard et une paire de bandes molletières... »

Page 13, 6e alinéa, au texte actuel, substituer le suivant :

« La demi-couverture, la tente-abri individuelle sont emportées par tous les hommes d'infanterie (paquetage). Le couvre-nuque, le bourgeron et le pantalon de treillis sont également emportés soit sur l'homme, soit dans le paquetage. »

Pages 14 et 15, avant « Brodequins », intercaler :

Agrafe support de carabine (3) (28)...........	1	»	1	»	»	»	»	»	»	»	1	»

Page 19, après le renvoi (27), intercaler le renvoi (28) suivant :

(28) Sauf pour les cavaliers territoriaux.

Page 25, 4e alinéa, 2e phrase.

Au lieu de : « Ils reçoivent seulement une paire de bandes molletières... »

Lire : « Ils reçoivent seulement un brassard et une paire de bandes molletières. »

Pages 44 et 45. — Petit équipement, avant « Jambières en cuir (paire) », intercaler :

Agrafe-support de carabine.	1	»	1	»	»	»	1	»	»	»	1	»	1	»	1	»

TABLES

TABLE CHRONOLOGIQUE.

TABLE ALPHABÉTIQUE.

Paris et Limoges. — Imprimerie militaire Henri Charles-Lavauzelle.

Imprimerie militaire
Henri CHARLES-LAVAUZELLE
PARIS ET LIMOGES

www.ingramcontent.com/pod-product-compliance
Lightning Source LLC
LaVergne TN
LVHW050517160826
845677LV00003B/1181

* 9 7 8 2 3 2 9 6 3 4 3 3 3 *